감자가 눈을 뜰 때

강나루 시집

시와사람

강나루 시집
감자가 눈을 뜰 때

2022년 8월 25일 인쇄
2022년 8월 30일 발행

지은이 | 강 나 루
펴낸이 | 강 경 호
인쇄·기획 | 도서출판 시와사람
등 록 | 1994년 6월 10일 제 05-01-0155호
주 소 | 광주시 동구 양림로119번길 21-1(학동)
전 화 | (062)224-5319
팩 스 | (062)225-5319
E-mail | jcapoet@hanmail.net

ISBN 978-89-5665-641-0 03810

값 10,000원

· 지은이와의 협의로 인지를 붙이지 않습니다.
· 이 책은 2022년도 광주문화재단 지역문화예술육성 지원사업의
  지원으로 발간되었습니다.

공급처 ■ 한국출판협동조합
경기도 파주시 탄현면 오금로 30
주문전화 (02)716-5616, 070-7119-1740

ⓒ 강나루, 2022
이 책의 저작권은 저자에게 있습니다. 저작권에 의해 보호를 받는 저작물이므로
저자의 허락 없이 무단 전재와 복제를 금합니다.

감자가 눈을 뜰 때

■ 시인의 말

생전 처음 펴내는 책이다.
나의 영혼이 입력된 바코드 같은 글자가
누구나 풀 수 있는 기호가 되기를 소망한다.
내 앞에 놓여진 암호들을 나 또한 지혜롭게
풀어가는 生이고 싶다.
나의 시가 누군가에게 위로가 될 수 있다면
참으로 좋겠다.

2022년 초가을에
강나루

감자가 눈을 뜰 때/ 차례

■ 시인의 말

1 겨울 시금치 밭에서

지지 않는 꽃 · 12
다시 노래를 불러야겠다 · 13
감자가 눈을 뜰 때 · 14
염부 · 16
걸레질 하는 사람 · 18
빈 주머니 · 19
겨울 시금치 밭에서 · 20
출항 · 22
그 여자 · 24
무궁화 꽃 · 26
갈치 · 27
歲寒圖 · 28
폭풍 속의 섬 · 30
철물점에서 · 32
소리가 꽃을 피운다 · 34
국화꽃 피는 마을 · 36

2 착하게 살지 않겠다고 기도할 때

매미처럼 · 40
차마 별을 보지 못한다 · 41
思春의 거울 · 42
幻痛 · 44
시간을 굽다 · 46
유년의 바다 · 48
소금 · 50
달력의 내력 · 52
늪 · 53
지팡이 짚은 노인 · 54
아름다운 풍경 뒤에 · 55
착하게 살지 않겠다고 기도할 때 · 56
항해 · 58
후지쓰카와 손재형 · 60
참깨밭에서 · 62
거리두기 · 63

3 사라진 슬리퍼

사라진 슬리퍼 · 66
모르는 척 · 67
순식간 · 68
희망을 꿈꾸지 못한다 · 70
山菊 · 72
12월의 국화 · 74
다시 돌아가다 · 76
이상한 나라 · 77
안개 낀 날에 · 78
아우슈비츠 · 80
페르소나 · 82
누군가 사라졌다 · 83
그늘과 그늘사이 · 84
돼지머리 · 86

4 남광주엔 도깨비들이 산다

포만 · 88
눈 · 89
한가한 날 · 90
소금 · 91
새벽 네 시에서 여섯 시 사이 · 92
고구마 순처럼 · 94
남광주엔 도깨비들이 산다 · 96
불임의 자궁 · 98
아침 장마당에서 · 100
고양이는 아직도 발톱이 날카롭다 · 102
공터 1 · 104
공터 2 · 105
늙은 호박 · 106
왕성한 허기 · 107
플라타너스를 애도함 · 108
山菊 · 109

|해설| 연대적 삶에 대한 희망 /김병호 · 110

1

지지 않는 꽃

지지 않는 꽃

지층의 암석이 무너져 내리자
국화꽃이 피었다
참으로 오랫만에 햇볕에 꽃잎을 말리며
바람에 향기를 날리고 있다

세상의 꽃들은 해마다 피고 지는 것이어서
지금 국화축제장에서는
희희낙락 제 얼굴에 화장을 하지만
서리가 내리고 나면 건초처럼 말라 목숨을 거두고 말 것

바위보다 무겁고 긴 시간의 침묵 속에서
일억 년의 시간으로 빚은 부드러운 국화꽃,
영원을 꿈꾸는
인간의 시간보다 더 오래전
어느 쥬라기의 늦가을에 피었다가
지금껏 지지 않는다.

다시 노래를 불러야겠다

낡은 기타, 잊고 있었는데
구석에서 먼지가 끼었다
노래를 잊고 있는 동안
기타줄은 느슨해지고
生의 환희와 슬픔을 담던
소리통은 틈이 벌어져있다
이가 빠져 말이 새는 노인처럼
기타는 뒤틀어지고
나는 노래를 잊었다
기타줄도 팽팽해야 소리가 나는 법
소리통이 깨지면 소리도 깨지는 법
아무렇게 풀어진 정신의 기타줄을 조이고
망가진 소리통도 고쳐야겠다고 다짐하고
노래가 새어나가는 틈을 막기로 하였다.

감자가 눈을 뜰 때

베란다에 둔 감자 종자에서 눈이 트였다
마대 속은 어두운데
하늘을 보려고 옆구리에서 항문에서, 온몸에서
빛이 틔어 마대 속 하늘이 환해졌다
본다는 것은 살아있음을 증거하는 일
마대 속에서 답답해 하면서 하늘을 열고 빛을 쏟아낸다
눈은 한결같이 하늘을 향하고
한철동안 빛을 보지 못한 씨감자는
얼마나 몸부림쳤는지 온몸이 파랗다

하늘을 본다는 것은
독기를 품는 일,
푸른 독기를 품는 일은 빛을 보는 일
어둠 속에서 겨우 숨 쉬는 것들은
멍이 들도록 빛의 출구를 찾을 것

나는 마대 속 같은 방 안에서
온몸에 멍이 들도록 몸부림쳤다
마침내 푸른 하늘을 닮아
멍이 든 영혼이 눈을 뜬다

눈에 멍이 든 사람을 보면 반갑다
하늘에 부딪혀 하늘을 닮아서
멍을 뚫고 하늘이 된 눈으로 하늘을 바라보면
하늘은 푸르고 멍든 사람은 빛이 되어
줄래줄래 줄기를 뻗으며 빛을 향해 포복한다
세상의 모든 멍든 눈들이 아프게 길을 간다.

염부

장맛빛처럼 쏟아지는 뜨거운 햇빛
염전이 말라가자
바닷물이 서릿발처럼 각을 세우며 일어섰다
물이 짜디짠 고집을 부리는데
빛의 염색체가 전이되었기 때문
그러므로 소금은 언제나 불덩이 같아
살아있는 것들의 뜨거운 피가 된다

염전에 간 적이 있다
태양이 땀을 뻘뻘 흘리며
바닷물을 끓일 듯 햇빛 내리쬐는데
늙은 염부가 물속에서 소금을 건진다
나는 아직 어려서 어떻게 소금이 만들어지는지를 몰랐지만
그 모습이 하도 신기했다

염부는 밀대로 물 속에서 일렁이는 소금을
마당의 눈 밀 듯
힘겹게 밀어 모았다
뜨거운 소금이 하얗게 쌓이는 동안에도
햇빛은 소금의 짠맛에 간을 더하는데

그 짠맛에 염부의 땀방울을 보탰다
삶은 늘 짜다는데
또다시 염부가 수만 번 밀대질 할 소금들이
땡볕에 살얼음처럼 얼고 있었다.

걸레질 하는 사람

녹색 페인트칠해진 주차장 바닥을
대걸레로 청소하는 청년,
주차된 차 밑으로 대걸레를 밀어넣어
티끌 하나라도 닦겠다는 듯
구석구석 칫솔질 하듯
걸레질한다
먼 길 다녀온 자동차 바퀴자국
땀 뻘뻘 흘리며
제 몸 구석구석 때를 밀 듯
걸레질하는 모습이
십자가 아래에서 고개 숙인
수도자처럼 진지하다
시작이며 끝인 생의 바닥을
깨끗이 닦아본 적이 있나
걸레질 경전을 읽어본 적이 없다
나는 땀 뻘뻘 흘리며
최선을 다해 바닥을 닦아본 적이 없다.

빈 주머니

주머니에 손을 넣으면
아직 온기가 남아 있었다
허기진 밤
추운 거리를 에돌다가 주머니에 손을 넣으면
동전 한 푼 없는
외롭고 쓸쓸한 빈털터리 주머니가
싸늘하게 식어 마음이 시럽기만 했다

힘없이 걷다가도
주머니에라도 손을 넣을 수 있다는
막연한 희망을 가진 뒤부터
빈 주머니는 힘의 원천이었다
살만한 세상이라고 하지만
내 주머니는 여전히 빈털터리여서
외롭고 쓸쓸하고 허기진 날들의 추억이
왈칵, 뜨겁게 만져진다

그래도 주머니가 있다는 건 얼마나 다행스러운가
내 두 손에 흐르는 온기를 담을 수 있는
빈 주머니에
손을 찔러 넣을 수 있다는 건.

겨울 시금치 밭에서

우리 삼대 남의 집 문간에 살 때
할머니는 옥상에 시금치 씨앗을 뿌리셨다
가족들 모두 난로가에 모여 불을 쬘 때면
하늘길 숨차게 내려온 겨울 바람에게
연신 싸대기를 맞으면서도
피학증 환자처럼 그것을 즐기는,
거적대기 하나 없는 옥상의 시금치는
그 때마다 엔드로핀이 솟아
뿌리에서 줄기, 줄기에서 잎사귀 구석구석에
뜨거운 단맛을 머금었다

할머니는 마당귀에
겨울 시금치 씨앗을 뿌리신다
작은아버지와 고모가 쓰거운 겨울 바람에 길 꺾어졌지만
우리들은 승냥이처럼 들판을 쏘다니며
시금치처럼 가슴에 푸른 멍을 키운다
여름날 무더위에 얼어맞은 상처들이
단맛이 되는 사탕수수처럼
쓴 겨울을 견딘 시금치가 단맛을 만드는 역설,

겨울 노지에서 자란 시금치가
왜 단맛이 나는지를 아는가

출항

지금껏 검푸른 물너울 넘실대는
나의 길은 난바다였다
꿈속에서조차 멀미를 하며
나는 한치 앞도 나아갈 수 없었다
바다는 폭풍주의보가 내리고
간혹 안개 속에서 괭이 갈매기의 비명이 들렸을 뿐
악천후의 물너울을 건널 엄두를 내지 못했다

오래 전
작은 아버지가 익사하고
큰 고모의 배가 뒤집혀
우리집 배는 발목이 묶인 채 폐선이 되었다
오랫동안 폭풍우에 갇혀 있었다

이제 나는 바다가 잔잔해 지기를 기다릴 수 없다
마음에 수백촉 집어등을 켜고
이어도 어디쯤에서 바다를 포식하는
거대한 고래를 잡아야 한다
에이허브 선장처럼, 이스마엘처럼
거친 파도와 맞붙어 드잡이질을 해야 한다

저 지긋지긋한 파도를 끌며
폭풍의 바다와 싸워야 한다

곳곳에 암초가 있을지도 모른다
돛이 부러져 난파될지도 모른다
그러나 지금 내 지느러미는 너무 간지러워
나는 참을 수가 없다
내 생의 만선을 위해 고래를 찾아 떠나야 한다
내 생의 뱃길 환하게 떠올려야 한다.

    (2005년 〈목포해양대학교전국고교백일장〉 대상 수상작품)

그 여자

법원 앞
변호사 사무실 즐비한
말이 난무하는 거리 한켠
간판도 없는 과일가게
늘 놀란 토끼눈망울로
두리번거리며 손님을 맞는
검은 옷에 검은 모자 깊숙이 쓴 여자,
과일가게 앞을 지나갈 때면
그쪽을 쳐다보게 하는 무엇,
그러고 보니 말하는 것 여태 보지 못했다
좌판도 없이 옛날 약국자리 바닥에
제삿날 진설해 놓은 것처럼
과일들 진열해 놓고
수박처럼 파랗게 질려 다소곳이 앉아있다
어쩌다 길에서 마주치면
철딱서니 없는 소녀 같다가도
무슨 사연이 있는 것처럼 수심이 깊어 보이는데
어쩐지 과일가게와는 잘 안 어울리는
그 여자, 눈으로 무슨 말을 하는 것 같다
한번은 가게에 들렀는데

그 여자도 과일들도 정물처럼 고요하다
대답 대신 그 여자, 말없이 과일들을 가리키는
거짓과 참말이 뒤섞인 법원 앞
말을 버린, 벙어리 그 여자.

무궁화 꽃

하얀 새 몇 마리
나무에 앉아있다

새가 날개를 펴자
숲속이 환해진다

이따금 나뭇가지가
바람을 흔들어도
독립투사처럼
정갈한 이마 반듯하더니

일년 중 가장 더운 날
생의 절벽을 건너
결코 비겁하지 않게
소리없이 타는 흰불꽃의 넋
두루마리처럼 둘둘 말아
툭! 던지는데

세상이 아득해진다.

갈치

떼를 지은 한무리의 검객들이
칼이 된 몸으로 푸른 바다를 찌르며
제 生의 물살을 거슬러 온몸을
말랑말랑하게 휘어 물길을 헤쳐가는,
아무리 장검을 휘둘러도 베어지지 않는 필살기,
본래는 견고한 칼이었다
그 칼날 아래 닥치는 것은 모두가 쓰러졌지만
물살을 닮도록 진화해 온 부드러운 검법은
마침내 적을 베지 않아도 쓰러뜨리는 법을 터득한 것은
저 깊고 어두운 심해를 지나오는 동안
뜨거운 불에 견디고 망치질에 단련되어
은빛으로 빛나는 장검이 되었기 때문인데
갈치의 내력을 모르는
누군가는 칼치[刀魚]라고 부르지만
살의(殺意)를 버린지 오래인 갈치는
물고기 중에서 가장 유연한 칼을 지녔다.

歲寒圖

세한의 정월 초하루
어떻게든 정신을 차리고 싶은데
아직도 정신이 몽롱한 것은
밤새 마신 술기운 때문이다
창밖의 나무들은 눈을 뒤집어 쓴 채
오랜만에 비추는 고요한 아침 햇살에 눈부시다
그 눈부심 앞에 몸둘 바가 없어
더욱 누추해진 스물 몇 해의 발자국이
아프게 지나간다
망나니처럼
끝도 없이 무너져 내리는 모래더미 같은 무거운 가슴을
아무렇게나 방치하며
괜한 적개심으로 세상을 향해 칼을 휘둘러왔다
아직 술기운이 가시지 않았지만
오늘은 눈 푹푹 빠지는 등급이 없는 저 無等에 올라갈까
안간힘으로 겨울을 버티는 나무들을 바라보면
파도 같은 바람소리가 지나가는데
나는 그 바람 앞에서 티끌 하나마저 날리며
아무도 기다리지 않는 동복의 우거를 향해
제 몸뚱이마저 버린 김삿갓처럼 산을 내려가야겠다

도저히 봄이 오지 않을 것 같은 정상에도
마침내 연둣빛 신록 내비치듯
술 취해 쓰러졌던 어깨를 곧추세워야겠지만
청춘은 오만한 것이라고 여겼던 마음과
편액을 내리라 했던 패기도 죽일 수 있을지 몰라,
꽁꽁 언 하늘을 나는 새처럼
학적(鶴笛)으로 쓴 반듯한 먹물의 정신을
눈 내리는 세한의 하늘에
이름 석 자 새길 수 있으려나.

폭풍 속의 섬

귀에 이어폰을 꽂고
무엇이 즐거운지 흥얼거리는
파도에 몸을 맡긴 채 어디론가 흘러가는
1월의 바다에 떠 있는 그 여자
하늘은 뿌연 미세먼지 가득한데

남광주 시장 입구에 좌판 벌여놓고
새벽부터 밤까지 앉아

손님을 맞는 일보다
다소곳 고개 숙인 채
마치 쪽파 다듬는 것이 인생의 목표인 듯
그 앞을 지나칠 때마다 찬바람이 매운냄새 폴폴 날린다

때로 삶은 지독한 매운냄새 같아서
원치 않은 눈물을 뿌리기도 하는데
마흔은 훨씬 넘어보이는 섬 하나
수직 절벽 같은 이마가 단호한데
어쩌면 바다는 그 여자가 오래 전에 떨군 눈물일지도 모른다

그러므로 파도에 떠밀려 어디론가로 흘러가면서도
발가락 까닥이며 박자를 맞추는 것일까

오랫동안 폭풍의 바다를 건너오는 동안
단련이 되었는지
아득하고 지겨운 12월이 가고
1월의 먼동이 터 올 쯤
그 여자의 품에서 새 한 마리
바다를 향해 날아가고 있었다.

철물점에서

아직 한 번도 사용하지 않은 도구들이
피고와 원고처럼 놓여있다
못은 망치에게 뒤통수를 맞고
망치는 못에게 맞아야 하는 운명
밀걸레는 계단이나 방을 깨끗하게 치워야 하고
톱은 나무를 보면 날카로운 이빨로 두 동강 내어야 직성이 풀리는데
성미가 뾰족한 식칼은 빛나는 눈빛을 감춘 채
아직은 철물점 선반에서 때를 기다리고 있다

산뙈기 열두 개를 한 배미 밭으로 일군
할아버지의 괭이와 곡괭이는 반 토막이 되어
할아버지의 청춘 같은 어두운 헛간에서 녹슬고 있다
한때 무딘 이빨을 숫돌에서 갈던
이가 빠진 칼과 낫이 할아버지의 노년을 닮았다

언젠가 분하게 망치에 맞은 적이 있다
어쩌다 망치로 뒤통수를 가격한 적이 있다
살아보겠다고 돌밭을 일구고
잘 익은 보리를 벤 적도 있다

착하게 살겠다고 몸과 마음을 씻고 닦은 적도 있다
행복한 저녁을 위해 도마에서 칼질한 적도 있다
숫돌에 칼과 낫을 간 적도 있지만
운명은 스스로가 정하는 것,
마음의 칼을 잘 못 든 사람들은
여전히 철물점 앞에서 서성거린다.

소리가 꽃을 피운다

창문을 스며 거실을 지나 주방까지
스멀스멀 기어 오는 햇빛이 벌레 같다

밤이 되자 창문 밖 시커먼 숲 그림자 속에서
온갖 것들이 지르는 소리 귀가 먹먹하다
방충망에 스며 이중창을 뚫고, 멈출 기세가 아니다
거실의 텔레비전 소리를 서서히 죽이고
아버지의 이명을 죽이고
집을 포위한 채 벌레들의 악기가 쏟아대는 소리
며칠째 내리는 장맛비 속에서도
온갖 소리에 우리집은 벌집이 된다
소리들은 야행성이어서
날이 밝아오면 빨치산 같은 게릴라들의 기총소사,
감쪽같이 멈추곤 했다

날이 갈수록 이상하게 벌레들 지저귀는 소리와 친해졌다
벌레들의 영혼이 내는 소리에
낮에 세상에서 들었던
아파트 쇠말뚝 박는 소리
앰뷸런스 소리들을 씻어버린다

벌레들 소리에 가구들이 꽃을 피운다
찻잔에도 꽃을 피운다
베란다 화초들도 꽃을 피운다
먹먹했던 귀 뚫리고
지금까지 보지 못한 꽃을 피운다

이사 온 아파트의 일요일 한 낮,
숲속이 적막하다
왠지 심심하다.
민들레 씨앗처럼 우리 일가의 영혼이 가볍다.

국화꽃 피는 마을

함평천지 지나다보면
사람도 집도 모두 국화꽃 같다
광목간 국도 따라 사거리를 지나 우회전 하면
국화꽃이 융단처럼 깔린 길이 나타나고
가로수도 들녘의 곡식들도 국화꽃 얼굴이다

한때는 국화꽃처럼 소박하고
향기로운 사람이 되고 싶었다
잘못 든 길을 지나오는 동안
나의 국화꽃은 사라지고
탕자처럼, 홍등가 사람처럼
탐욕과 분냄새 나는 검은 꽃이
얼굴에 피어나고 말았다

그 옛날 호남가를 부르던 함평천지의 어느 선비가
천하를 한 바퀴 돌고 돌아왔을 때
가슴속에 향기로운 국화꽃 한 송이 피어있지 않았을까

사람들은 장미꽃이 으뜸이라 하고
모란꽃을 꽃중의 왕이라고도 하지만

험한 세상 돌아다니다가
늦가을 찬서리 맞으며
검버섯 핀 마음일 때 함평천지에 들어서면
때묻지 않는 정신, 세상을 다 품고도 말이 없는
그 옛날 선비가 살았던 마을
만나는 것들마다 국화꽃 얼굴이다.

2

착하게 살지 않겠다고 기도할 때

매미처럼

요즘 매미는
도시의 가로수에까지 진출해
악다구니로 소리를 지른다
화를 진정시키느라고
땅 속에서 10년 수양을 하다가
비수같은 마음 진정시키느라
나무에 기어 올라 허물을 벗고도 억울해
날마다 땡볕에서 땀을 뻘뻘 흘리면서
내 말 들어보라고
하도 억울해서 못 참겠다고
밤낮 구별하지 못하고 소리를 지르는가
살다보면 분한 일이 있어
참자, 참자, 하면서도
마음 다스리지 못하고
매미처럼 화를 주체 못하는가
수천 번 마음 속으로 허물을 벗어도
마음을 다잡지 못하는가.

차마 별을 보지 못한다

영혼이 아름다운 사람이 죽어
하늘의 별이 된다는 말을 들은 적이 있다
스모그가 끼어 지상이 시커멓게 그을린 날은
맑은 영혼을 지닌 별들조차
마음에 먼지가 낄까봐 두 눈을 감는지
하늘이 시커멓다

언제부턴가 하늘을 보는 일이
부끄럽다
더러운 세상에서 진창길을 건너온 나는
차마 하늘의 별을 볼 수 없다
더러운 것을 많이 보아온 나의 영혼으로
별이 더러워질 것 같기 때문인데
갈수록 흐린 날이 많아져
다행이다

며칠째 비가 내린다
별들의 눈물이
세상을 헹구는 것일 게다.

思春의 거울

저 거울 때문이다
모범정답이라고 믿었던 거울 때문이다

객관식이든 주관식이든
망설임 없이 문제를 풀이해주곤 했다. 가령
나의 귀와 눈과 입을 사실적으로 묘사했다,
세수가 끝나면 틀림없이,
거울을 바라보는 일은, 의심할 수 없는
관습이었다, 마치 대대로 내려온 가훈처럼 우러러 보는
가문의 내력이었다, 효자문이었다, 열녀문이었다

그러므로 내가 아버지의 거울이라고?
저 낡은 족보처럼 살아가라고?

잘린 오른쪽 귀를 왼쪽 귀로 보여준 거울을
고흐는 박살내 버렸다,
가까운 거리를 멀리 보여 준 백미러 때문에
나를 감싼 범퍼가 깨졌다,
자신보다 더 강력한 불빛을 만나면
무용지물이 되고 마는 사실에 분개했다,

오랫동안 휘감고 도는 핏톨에 숨겨진 CCTV로
감시하고 있었다, 전통과 관습으로
내 의식의 세포와 감정을 녹화하고
조종해도, 나는 아버지의 유전인자를 물려받았으므로
말씀에 순종하는 착한 소년이었다,

그러므로 내가 아버지의 거울이라고?
저 낡은 족보처럼 살아가라고?

幻痛

가지마다 늘어진 고목이 된 감나무
털 뽑힌 닭처럼 가지가 모두 잘려져 있다
낙엽이 떨어져 지붕이 무거워지는 것도 그렇고
집을 휘어감은 감나무가 갈수록 위협적이어서
혼자 남은 늙은 외숙모가 사람들 불러 손을 보았다는
것인데

감꽃을 줍고 간짓대로 감을 따던
어머니와 외사촌들의 잘려나간 유년이 아프다
족히 200년쯤 되어 보이는 감나무는
그저 한 그루의 나무가 아니다
늘 앞장서서 하늘에 길을 내는 동안
외가의 가계도 품을 넓혀갔다

어린 새들이 비행을 위해 날갯짓 했을 자리,
햇빛에 코팅한 것처럼 반짝이던 봄날의 새 이파리
비바람에 가슴 조이며 밤새 흔들렸던 나뭇가지
적막한 밤에 달빛과 고요와 흰 눈이 쌓이기도 했던
부러져나간 추억들이 아프고
뻥 뚫린 하늘이 질린 사람의 얼굴처럼 파랗다

지금은 시월,
떫은맛에도 단맛이 스며들 때,
모딜리아니의 나무*처럼 가지 하나 없는
단조롭고 낯선 풍경 앞에서
감나무의 유전자를 닮은 나는
사지가 잘린 것처럼 아프다.

*모딜리아니의 그림 '남프랑스 풍경' 이미지

시간을 굽다

발로 탁탁 물레의 발판을 칠 때는
속도를 잘 조절해야 한다
빠르거나 늦거나 엇박자일 경우
시간의 모양이 삐뚫어져 망치기 십상이어서
흥에 겨운 듯 물레를 돌려야 한다

시간은 불로 새긴 이름이어서
1300도 불길의 세례를 받아 다시 태어나는 것,
가마가 땀을 뻘뻘 흘리며 시간을 구울 때
불의 온도를 잘 조절해야 한다
성질이 급하거나 포악한 불은
시간에 금이 가고 시간의 살갗이 터지기 때문이다

불이 식으면 시간을 꺼내
잘 못 구워진 시간들을 사정없이 깨뜨려야 한다
그러나 한 번 지나간 시간은 되돌릴 수 없는 일,
잘 못 구워진 그릇처럼
금이 가거나 살갗이 터진 시간을 가져야 한다

시간은 살아있음을 드러내는 그릇,

제 생에 알맞은 시간을 구워내기 위해
누구나 가마 하나씩 갖고 있어도
나는 오랫동안 대책없이 시간을 흘러보내다가
미혹에서 눈을 떠 겨우 물레를 돌리고 있다
내 발자국에 사금파리처럼 깨어진 시간들 딛고
견고한 그릇을 굽고 싶은 나는
아직은 서툰 도공, 물레질을 배우고 있다.

유년의 바다

봄날 바다는 해무가 끼어
한 치 앞도 안 보였다
바다에서 파도가 쳐올라 올 때
안개 속에서 말발굽소리가 들렸다
그럴 때면 나는 신열이 나
며칠 째 끙끙 앓았다
매번 봄마다 성장통을 앓았다

여름에서 가을이 오는동안
조기잡이 나간 배들이 태풍을 만나
돌아오지 못했다
먼 갯바닥에 나간 아주머니들
밀물에 갇혔다가 그물에 걸려 나오고
연례행사처럼 아이들은 물에 빠졌다
마을은 뒤숭숭하여 초상집이 되어도
맑은 날이면 배를 띄워
만선 깃발 높이 단 배들은 포구로 들어오곤 했다

이슥한 유년의 바다를 건너는 동안
억센 파도도 많았지만

어느새 나의 근육은 튼실해지고
코 밑이 검어지며
나는 사내가 되어가고 있었다.

소금

1.
염전은
단 한 포기의 풀과 물고기 한 마리 키우지 못한다
그러나 소금 없이 아무도 살 수 없다
우리가 김장을 하고 식탁을 차릴 때
간을 맞추기 위해 소금을 뿌리듯
소금을 찾아
사슴은 바위를 핥고
칡뿌리는 땅 속 깊이 뿌리를 뻗는다

소금이 되라는 말이 있지만
내가 읽은 책과 나의 행동은
아직 싱겁다
그래서 나의 교만은 팔팔하다
더운 날 나는 그늘을 찾아 헤매지만
소금은 땡볕에 더 빛난다
녹지 않는다, 단단해진다

2.
며칠 전

온 몸이 소금인 고모가 돌아가셨다
단 한 권의 성경을 남겼을 뿐
짜디짠 당신의 피와 살을 떼어
사람들 가슴에
눈물 대신 소금을 뿌리고 갔다
시퍼런 배추 같은 나의 교만 위에
소금을 뿌리고 갔다
세상이 썩을까 봐
소금을 뿌리고 갔다.

　　　　　(2005년〈목포대학교전국고교백일장〉대상 수상작품)

달력의 내력

달력 한 장 쫙 찢어냈다
반을 접고 또 반을 접어
종이배를 만들고 고깔모자를 만들어
물에 띄우고 아우의 머리에 씌웠다
배 한켠의 붉은 시간 속에
케이크를 자르는 내가 있었다
모자 속 빨간 숫자들 사이에서
자전거 타는 내가 있었다
자동차에 부딪혀 온몸에 깁스한 내가 있었다
내 유년의 달력에는
케이크를 자르는 아우도 있었을 것이다
자전거를 따라오는 아이들도 있었을 것이다
지금쯤 강물 따라간 종이배는 어디쯤을 가고 있을까
달력을 접어 쓴 모자의 행방도 아득하고
내 자전거를 따라오던 아이들은 어른이 되어
어느 방향으로 길을 가고 있을까

늪

독버섯을 먹은 듯
식도에서 항문을 지나며
지져지는 고통

생각하지 말아야지
화내지 말아야지
웃어야지
그 모든 생각이 독버섯

치킨가게 옆 웅크린 고양이도
고통에 치를 떤다
온몸이 퉁퉁 붓고 꼬리가 꺾였다
새파란 안광으로 나를 꿰뚫듯 바라보는데
네가 키운 독버섯이지 않느냐

생각하지 않을 수도
화내지 않을 수도
웃을 수도 없다.

지팡이 짚은 노인

　병무청을 나서는 사내의 발소리,
　노인의 질질 끄는
　등산화소리를 피해간다
　비싸고 질 좋은 구두로
　발소리를 치장해봤지만
　노인의 발소리가 쫓아와 덮어버리고 만다

　고이지도 응어리지지도 못하는 세월이 얼마나 무거운 것일까
　　힘없는 발걸음에도
　　들개는 꼬리를 가랑이 사이에 끼고 으르렁댄다
　　순찰차도 엔진 죽이고 흩어지는 발소리를 기다린다

　애꿎은 비둘기를 쫓는 척 쿵쾅대봤지만
　내 발소리는 한 순간, 흩어져 사라진다
　그래도 난 내 발소리가 좋다

아름다운 풍경 뒤에

바다를 끼고 절벽 위를 달리는
절경의 백수해안도로,
그 도로를 지나다보면 아무도 듣지 못하는
칠산바다 울음 소리가 들린다
바닷물이 치고 올라오는 저녁무렵이거나
가랑비라도 흩뿌리는 날이면 들리는 울음 소리
애절하고 처량한 그 소리는
어미 부르는 송아지 같은
가슴 저미는 아이의 울음이어서
나는 숨을 쉬지 못한다
아름다운 풍경을 배경으로 한 울음 소리는
그 옛날 바다에 나간 어미 마중나갔다가
파도에 휩쓸렸다는 아이의 한이 서린 것이라고
예부터 전해오는 전설 같은 것이어서
사람들은
비 내리고 바람이 부는 저녁 무렵이면
파도소리에 섞여 들리는 울음을 듣고
마음이 사무쳐 온다.

착하게 살지 않겠다고 기도할 때

설을 앞두고 우리 일가 모여
생전의 할아버지가 쓰던 작은 탁자 위에
낡고 글씨가 굵은 성경 한 권
그 위에 모두 손을 얹고
설날 상주였던 아버지가 기도를 하는 동안
나는 마음속으로
왜 착하게 사셨어요, 나는 착하게 살지 않을 거예요
왜 이까짓 성경책만 읽었어요, 나는 성경을 읽지 않겠어요
기도를 드렸다
할아버지가 착하게 살며 성경을 읽는 동안
세상은 착해지지도 않고 가난한 사람은 더 가난해지고,
학동 아파트 철거 붕괴사고가 터지고,
화정동 아파트가 무너지고, 사람들이 죽어갔다
내가 거짓으로 살아가도, 성경을 읽지 않아도
여전히 사람들은 죽어가고, 아무것도 변하지 않는 세상
내일모레는 민족의 대명절이라며
가난하고 착한 사람들은 남광주시장에 북적거리는데
오늘 밤, 할아버지의 낡은 성경 위에 손을 얹고
착하게 살지 않겠다고 기도하는 동안
아버지는,

열다섯 살 때 만주 벽돌공장을 돌아
6·25한국전쟁의 한복판을 지나
겨우 성경 한 권을 남긴
남루한 할아버지의 일생을
눈 지그시 감고 기도한다.

항해

우리 마을은 늘 흐렸다
사람들이 용이 오른다고 하늘을 바라보았다
어린 나는 그것이 믿기지 않았다
바다 건너 반도에는 햇살이 내리고
나는 그 햇살을 그리워했다

나의 바다는 언제나 비내리는 난바다였다
한치 앞도 나아갈 수 없었다
하늘을 오르는 용이고 싶었지만
오랫동안 폭풍이 걷히지 않는 마을엔
배를 띄우는 집들이 많아
제삿날이 같은 날인 집들이 많았다

유년의 바다는 길길이 날뛰었다
하늘에 오를 수 없다면
이어도 어디께 용궁에서 산다고 하는
용을 잡아 타고 하늘에 올라야 한다고 했다
오래된 가난을 벗어나야 하지만
용을 보았다는 사람들 만나지 못했다

용은 개천에서도 나온다고 했지만 쉽지 않았다
바다와 드잡이질을 해야 용을 만날 수 있다고 생각했다
지긋지긋한 파도를 쓰러뜨리고
폭풍의 바다를 단번에 제압해야 한다

어른이 되기 전 바다를 떠나왔다
그러나 살아오면서 곳곳에서 암초를 만났다
돛이 찢어져 난파되기도 하였다
거대한 고래와 맞설 때는 포기하고도 싶었지만
어느새 노련한 선장이 되어 있었다
어린 시절 보았던 것이 용이었음도 알게 되었다
내 生의 만선을 위해 지금 타고 가는 배가
나의 길을 이끄는
거대한 용이라는 것을 알게 되었다.

후지쓰카와 손재형

제 아무리 추사를 흠모한다 해도
왜인에게 세한도를 넘길 수 없는 법
1943년, 경성제대 교수 후지쓰카를
벌써 며칠째 찾아가고 있었다
조선사람 손재형, 그는 스토커였다
그림을 찾기 위해서라면 어디든 갈 수 있어
일본으로 건너간 후지쓰카를 쫓아가
그에게 졸라댔지만
얼음처럼 차갑게 거절당하기 일쑤였다
1944년 여름,
미군의 공습이 도쿄를 무차별 공습할 때
싸이렌 소리를 들으며
노환으로 다다미에 누워있는 후지쓰카 앞에 엎드렸다
제주도 대정의 담장에 갇혀
분통터지는 귀양살이를 삭힌 지 오래,
추울 때일수록 푸르른 송백을 그린 추사를 생각하며
무릎을 꿇었다
중국의 선비들도 감탄하고 흠모해
모두 그림 앞에서 머리를 조아렸듯이
세한도를 가진 사람 앞에서는 무릎을 꿇어야 하는 법,

외롭고 쓸쓸하고 막막해 대책없는 일이지만
피가 뚝뚝 떨어지도록 무릎을 꿇는 일이
분한 마음 삭힌 추사만 하겠는가
들판에서 눈을 맞는 가지 부러진 송백만 하겠는가 싶어
백팔 배 하듯 털썩 무릎을 꿇었다
마침내 참 좋은 왜인 후지쓰카는
세한도의 주인을 알아보고
세한의 송백 같은 손재형에게 그림을 넘겼다
공습으로 후지쓰카의 연구실이 불타버리기 직전이었다

참깨밭에서

한때 내 마음 상처가 깊어 도저히 경작할 수가 없었다
내버려 둔 밭에는 분노와 울분의 잡초들이 무성했다
더이상 방치할 수가 없어 허기진 마음을 일으켜
가망 없을 것 같은 씨앗을 뿌렸다
잡초를 막기 위해 씨앗을 뿌리며
독기로 키운 참깨는 삼년 가뭄 끝에 싹을 틔웠다
겨우 여문 참깨를 털자 씨앗들이 쏟아지는데
오랜 변비 끝에 누는 똥처럼 독기가 빠져나가는 것 같았다
알곡과 쭉정이를 가리기 위해 얼개미질을 해 보지만
쭉정이가 참깨를 뒤덮었다
베어낸 참깨의 죽창 같은 그루터기가 발바닥을 찌르는데
마음은 구멍이 숭숭 뚫린 얼개미여서
하루종일 바람 앞에 서서 상처난 구멍으로
아프게 알곡과 쭉정이를 가려내는데
상처 난 참깨들이 풍기는 고소한 피비린내가 났다.

거리두기

이제 우리 거리를 두자
잡았던 손 놓고
껴안았던 팔을 풀고
영영 떠나지 말고
2m 이상 떨어지자

이런 날이 올 줄은 정말 몰랐다
누구의 탓도 아니다

고양이들은 몸을 맞대고
서로의 온기를 나누고
강가의 비둘기들도
교각 틈새에 오종종 앉아있는데

사랑하는 사람이여
우리 입맞추곤 했는데
헤어지지는 말고
적당한 거리에서
서로 마주보자
그러므로 원망하지 말자
모두가 우리 탓이다.

3

사라진 슬리퍼

사라진 슬리퍼

골목길 가다보면
벽에 붙은 샤시문 늘 닫혀있다
그 앞에 놓인
검고 작은 슬리퍼 하나
장맛비가 내리는 동안
그 자리에서 꼼짝하지 않고 비를 맞는다
어느날 인기척이 들리더니
노인 하나가 종이박스와 파지를 들고
벽 속으로 사라진다
반쯤 열린 벽 사이로
차곡차곡 쌓인 파지며
노인의 남루가 눈에 들어온다
겨울을 지나는 동안
골목길을 지날 때마다
기침소리 쿨럭이는 소리 들리더니
쉽게 신고 쉽게 벗을 수 있는 슬리퍼
올 봄부터
벽 앞의 슬리퍼 보이지 않는다.

모르는 척

병원 로타리 공터에서
군밤과 오징어를 팔던 할머니
언제부턴가 노점상 리어카 좌판을 버리고
버려진 종이박스를 줍는다
몇 번이고 아는 체 했지만 몰라보더니
마침내 알아본다
길에서 자주 볼 때마다 인사를 했더니
종이박스 줍는 것이
무슨 부끄럽고 챙피한 일인 것처럼 생각해
그냥 운동삼아 줍는다고 한다
자식들은 무얼하는지
늙어서까지 종이박스를 줍는지 궁금하지만
하루종일 입 꼭 다물고 있다가
인사할 때마다 소녀처럼 웃으며
고맙다고 말한다
오늘도 길거리에서 할머니를 만났는데
종이박스 줍느라 정신이 없을 때
나는 모르는 척 재빨리 지나갔다.

순식간

모던한 건물 귀퉁이
녹슨 자물쇠통 채워진 낡고 누추한 집
사마귀가 작은 벌레 잡아 식사하듯
포크레인 하나가
식은 죽 먹기보다 쉽다는 듯 가볍게
흙 담장부터 부순다
이윽고 소나무 기둥을 포크레인 집게발로 잡아당기자
이 집에 살았던 누군가의 이야기가 기왓장처럼 쏟아져
지붕이 무너지고 수북한 흙먼지,
인부들이 물줄기를 쏘자 낮 안개처럼 사라진다
마침내 누군가의 生의 숨결과 온기가 서린 방,
허기를 메꾸기 위해 밥을 삶아내던 부엌,
어쩌면 어두운 밤 가난을 부수기 위해 맷돌을 갈던,
마음 수양하듯 반질반질 윤이 나게 닦은 대청마루를
인정머리 없는
커다란 손이 부숴버린다
폭삭 가라앉은 누구누구 삶의 흔적들이
한 시간 만에 서까래와 기둥 몇 개 주저앉혀
흙먼지만 폴폴 나는
무너진 그 집 위에 앉은 포크레인이

장독대 어귀에서 오래 이 집의 서사를 읽어온
늙은 감나무 한 그루 손으로 감싸 쥐고,
그 아래에서 감꽃 줍던
누군가의 유년을 뿌리째 뽑아버린다
한나절도 안되는 순식간의 일이다.

희망을 꿈꾸지 못한다

왕궁은 깎아지른 절벽 위의 철옹성이다
왕족이 아닌 사람들은
오직 저녁 아홉시 뉴스 시간에
왕궁의 모습을 볼 수 있지만
뉴스를 믿지 않는다

왕궁엔 왕과 왕을 떠받드는 사람들 뿐
그리고 대를 잇는 권력으로 뭉쳐
그들의 위력이 하늘을 찌르는데
왕궁 안에서 무슨 일이 벌어지는지를 알 수 없는 사람들이
그곳으로 들어가는 입구를 모르는 풀잎같은 사람들이
절벽 아래로 휘몰아치는 바람에 쓰러진다

왕궁의 대기는 늘 흐림
어쩌다 뭉게구름이 하늘에 흘러가다가도
고기압과 저기압의 잦은 충돌로
뇌성이 치고 벼락이 떨어지면
절벽 아래에 사는 사람들은
감당할 수 없는 폭풍과 폭설 세례 뿐

강남신화처럼 졸부가 된 왕과 대신들이
신기루처럼 나타나는 시대에
절벽 아래에 사는 가난한 사람들은
더이상 추락하지 못하면서도
희망을 꿈꾸지 못한다.

山菊

찬바람이 불어 산국이 피어날 때면
이동목욕차를 따라 관내 마을들을 찾아나섰다
침대에 누운 노인의 방에 들면
오랫동안 방 안에 갇힌
노인의 生에서 풍겨져 나온 살 썩은 냄새들

방안에 욕조를 들여
차에서 데운 물을 채우고
송장 같은 노인을 들 때면
노인이 풀지 못한 시간의 무게가 납덩이 같은데
참으로 오랜만에 뜨거운 물에서
묵은 근심 같은 노인의 때가 풀어지곤 했다

젊은 시절 청초한 산국을 꺾어
머리에 꽂곤 했던 노인의 머리엔
오늘은, 늦가을 산국이 피어 하얗다

노인의 목이며 사타구니를 씻다보면
욕조에 피가 흥건해지곤 했는데
등에 빨간 국화꽃 몇 개가 피어 있었다

쉽게 만질 수 없는 국화꽃의 배경은
한때 간호사였던 노인의 아픈 기억의 창고여서
노인이 누군가에게 그랬던 것처럼
고름을 짜고 약을 발라주곤 했다

추석명절을 앞두고
기쁜 마음으로 노인의 집을 찾았다
열흘 전에 초겨울 산국 꽃이파리처럼
하늘로 날아갔다는데
그집 마당가에 꽃잎이 진 산국이
바람을 맞고 있었다.

12월의 국화

바위처럼 방바닥에 누워 국화꽃 바라본다
시계는 그 시절에 멈춰있어도
세상에서는 몇 번째 피었다가 졌는지
외롭고 쓸쓸한 불구의 섬에 유폐된
그가 하루 종일 하는 일은
썩은 냄새가 진동하는 방안
천정에 붙은 파리를 세는 것인데
세다보면 날아가버리고
또 세다보면 날아가버려
밤하늘의 별을 세는 것처럼 막막해도
그는 그것을 포기하지 않는다
지루하고 막막해서 대책없는 일이어도
그것마저 포기하면 도저히 견딜 수 없을 것 같아서
파리를 세다보면, 어느 때부턴가
절망이 희망이 되고
천장이 꽃밭으로 보였다
참말이다. 살 썩는 냄새는 향기롭고
그는 어느새 꽃밭의 소녀가 되었다
세상의 모든 꽃들이 지고
창밖에서는 눈이 내려도

그의 꽃밭에서는 어둠 속에 피는 별들처럼
지지않는 형형색색의 국화꽃들이 만발하고 있었다.

다시 돌아가다

언제부턴가 빈집이 늘어만 가는 동네
할머니가 일구던 마당귀 텃밭에
어디서 왔는지 허우대 좋은 오동나무가
제집인 양 자리를 잡았다
한때 콩을 털며 도리깨질하던 마당에
잡초들이 해마다 키를 넘는다
반질반질 빛나던 마루에는
먼지가 쌓여 하얗고
요양원에 간 할머니는 영영 돌아오지 못했다
담장이 넘어져 들개와 들고양이들이
제집인 양 터를 잡았다
집안에는 아직도 가족사진이 걸려 있지만
아무도 찾지 않는 허물어져 가는 집
오랫동안 숨을 쉬던 굴뚝엔
더이상 밥 짓는 연기가 오르지 않는다
벽에는 마른 담쟁이 덩굴이
죽은 실핏줄처럼 널려있다
한낮이 되어도 고요한 마을
아이들 웃음소리 더이상 들리지 않는다

이상한 나라

애리조나만 한 우리나라는
38선을 가로질러 뚝 분질러져
아파트가가 하늘처럼 치솟습니다
그들을 위해 정원이 넘칩니다
도시 어디를 가나 공원이 많습니다
그런데 이상합니다
가든에는 정원이 없고
사람들이 모여 앉아 밥을 먹고 술을 마십니다
파크에는 나무와 풀밭이 없고
호텔이나 여관만이 즐비합니다
사람들은 나무와 꽃이 우거진 정원을 갖는 것이 꿈이라고 합니다
공원에 나가 가족과 공놀이를 하고 싶은 사람이 많습니다
그러나 아파트엔 정원이 없고
공원엔 햇빛과 바람이 없습니다.

안개 낀 날에

갈수록 흐린 날이 많은 무등산
아래, 도시도 흐릿하다
이런 날은 사람들의 눈도 침침해
서로를 알아보지 못한다
사람들은 중국에서 불어오는 황사탓이라고도 하고
매연 때문이라고도 한다
그래도 순진한 아이들은 잘도 논다

유년에 모두가 시력이 좋아
안경 낀 사람들이 드물었다
어쩌다 안경 낀 사람이
인텔리처럼 보였다
내 첫사랑은 잘도 보여 지금도 선명하다
그러나 나는 자꾸 눈이 침침해지고
멀리 있는 것을 잘 보지 못한다

시력 탓이 아니다
황사와 스모그 때문이 아니다
우리가 부르던 노래 사라지고
혼자 밥먹는 일이 많아진 오늘

겨우 자신의 앞만 바라보는 동물로
진화해 가고 있다
햇볕이 들지 않는 심해의 물고기처럼
눈의 감각이 둔해져서
마침내 두더지처럼 어둠 속을 헤매며
겨우 돈이나 셀지도 모른다

이내 푸르게 끼고
무등산의 푸르름을 노래하던 시인처럼
우리 다시 노래를 불러야 할까
강강수월래 하던 처녀 적 고모들처럼
손에 손 맞잡을 때
비로소 무등산이 맑아질까
황사도 스모그도 도시에서 사라질까.

아우슈비츠

먹물을 풀어놓은 듯
시베리아를 건너온 가창오리 떼의 군무
그 장엄한 생태적 풍경에 불온한 혐의가 있다

닭 몇 마리, 독감에 쓰러지자
반경 5㎞ 안 100만 마리의 닭과 오리
마대포대 속에 구겨져 구덩이에 던져졌는데
포대 속 날짐승들 꿈틀거려 보기도 하고 비명도 질러 보지만
거대한 포크레인에 의해 쓰레기처럼 생매장된다

아직 인플루엔자 감염자가 사망한 적 없지만
하얀 방독의를 입은 외계인 같은 사람들의 눈초리가
007 본드 같다, 찰거머리처럼
어딘가에 잠복한 인플루엔자 때문에
싹쓸이로 살처분 하겠다는 결의 견고한데
견딜 수 없는 없는 것은,
이성과 웰빙을 말하는 저들 앞에서
말없이 꼬꾸라지는 말 못하는 것들의 비명
고즈넉한 빈 풍경이 강추위에 꽁꽁 얼었다

구제역이 지나갈 때마다
조류독감이 요란하게 지나갈 때마다
소떼가 넘어지고
닭과 오리가 짚불처럼 사그라지는
아우슈비츠.

페르소나

마스크 하나
길에 떨어져 있다
코로나 때문에
한여름에도 벗지 못하는
마스크, 누가 버린 것일까

사람들은
땀을 흘리면서도 마스크 벗지 못하는데
어쩌다 떨어뜨린 것일까
마스크 혼자 살아서
숨 쉬고 있는데

호흡기가 약한 나는
언제나 마스크를 썼다
실상은 피폐해진 영혼을 감추기 위해
마스크를 쓰고있는 까닭에
아무도 나의 정체를 알지 못한다
아직 가면무도회가 한창인데
서로를 믿지 못하는 불신 때문에
모두가 마스크를 쓴다.

누군가 사라졌다

노란 폴리스라인이 쳐진
한 평 남짓 고시원에서 누군가 죽었다
누가 사는지 몰랐다고 했다
고약한 냄새가 난 지 한 달이 넘었다고도 했다
남루한 방 안에 마지막 식사 흔적과
빈 술병과 약봉지 몇 개 남겼을 뿐
수사관은 누군가일 뿐, 신원미상이라고 했다
밝혀진 것이 아무것도 없는,
이미 탈골이 되어 지문조차 사라진
구더기만 우글대는 최후,
더럽다고 하지 마라
사람이 죽으면 생선 썩은 냄새보다 지독하고
사리 대신 몸에서 생긴 구더기이니
제 생을 철저히 은폐시킨
가엾은 사람이 보았던 하늘과
그가 걸었던 가시덩굴 같은 길조차
아무도 기억하지 못하는 누군가가 사라졌을 뿐이다.

그늘과 그늘 사이

아직 잠에서 깨어나지 않은
어스름한 새벽,
희미한 가로등이 비추는 골목
밤새 내다버린
폐지며 종이박스
노인 하나 쓰레기장을 뒤진다
평생 가난의 땟국 온 몸에 걸치고
죽지 못해 살아가는 목숨
남들은 편안하게 잘도 살아가는
문명의 그늘에서
먹고 버린 욕망의 껍질을 뒤지며
정의도 복지도 먼 나라 일일뿐
병들어 누운 아내의 기침소리와
고통스러워하는 신음소리만 들릴 뿐
약값도 안 되는 폐지를 찾아
먹이를 찾는 길거리 고양이처럼
새벽 그늘에서부터 밤 그늘까지
언제 끝날지도 모르는 고행
이것은 수행도 그 무엇도 아니다
리어카 가득 넘치는 폐지의 무게가

노인의 등을 짓눌러도
그 무게만이 노인의 희망이다
날이 밝아도 걷히지 않는 노인의 그늘
무더운 여름에도 한기가 엄습한다.

돼지머리

고사상에 오른 돼지 대가리를
돼지머리라고 부르는 것은
어딘가 사람을 닮았기 때문이다
오직 사람에게만 부르는 호칭을
존칭하는 것은
죽어서도 웃는 모습이
이미 부처의 경지에 들었기 때문일까
아니다,
죽어서도 입에 돈을 물고 웃는 모습이
사람을 닮았기 때문
돈이 좋긴 좋은가보다.

ic # 4

포만

포만

높은 담벼락에서 뛰어내릴 때
저를 받아주고
바닥의 감각을 읽어내는 발바닥과
제 생 앞에 놓여있는 먹이의 냄새와
적의 눈빛과 촉각을 감지해내는
긴장된 수염의 촉수.
이제는 벌러덩 누워
항복이라도 한 듯 모두 내려놓고
귀찮다는 듯 살며시 눈을 감은
저 무방비의 게으름.
온몸 곤두서던
야생과 순치의 경계
모두 포기한
마약에 중독된 듯,
저 길고양이의 눈빛.

눈

누구의 마음이기에
부드럽고 포근한가
그러나 눈이 되기까지
티끌 하나 남김없이
스스로를 완전연소 시켜야 했다
그러므로 눈이 된다는 것은
사악한 것과 까칠한 것
죄라고 생긴 모든 것 헹궈야
비로소 순백의 마음을 얻을 수 있으니
사랑이여
당신에게 가까이 다가갈 수 있다면
우리가 뜨거워져
사라져도 좋으리.

한가한 날

누런 똥개 한 마리
어디를 쏘다녔는지
몸둥아리에 도둑놈 갈고리 씨앗이 묻어있다
할 일없이 마을 앞에서 어슬렁거리다가
방앗간 구석 쌀겨통에 머리 처박고
한참을 뒤진다
그것도 심심했는지
오래 오동나무 그늘에 앉았다가
뭘 보았는지
바람에 흔들리는 강아지 풀 속으로 뛰어든다
또다시 심심해졌는지
새마을 창고 앞으로 달려가
슬슬 기어가는 두꺼비와
앞발을 들고 레프트 라이트 훅!
권투를 하는 것이다.

소금

소금내음이 났다
아버지의 옷자락에서
소금이 묻어났다
말[言]에서도 소금기가 묻어났다
생각조차 소금에 간이 배어 있다
발자국에서도 소금기가 묻어났다

염전에 다녀왔기 때문이 아니다

우리 일가 밥상에는
늘 소금이 담겨 있었다
우리 집에는 불어오는 바람조차도
눅눅한 소금기가 배어 있었다
아버지는 언제나 밥상머리에서
썩지 않는 소금처럼 살라고 하셨다
우리 일가는 늘 바다였다.

새벽 네 시에서 여섯 시 사이

가슴 속에 칼을 쥐고
가슴 속에 노래를 휘감고
새벽 네 시에서 여섯 시 사이
캄캄한 어둠 속에서
나는 누군가를 위해 기도해 본 적이 있는가
칼과 노래를 품고, 할머니
새벽 네 시, 우렁각시처럼 집을 나가신다

밖은 칼바람 눈보라인데
무거운 몸 일으켜 지하실교회에 가셨나보다
곱은 손, 언 마음 녹일 새도 없이
지난 여름 산으로 간 고모와
아직도 울고 있을 것 같은 어린 삼촌의 영혼을 위해
치매걸린 할아버지와 집안의 안녕을 위해
가슴에 칼을 그으며, 환희의 노래 부르는 할머니는
자주 침수되는 우리집 건져내기 위해
모두 잠든 새벽에도 기도하는,
쉬지않고 돌아가는 자동펌프다

새벽 네 시에서 여섯 시 사이,

오늘도 고난주간이다, 부활절이다
조롱받고, 창에 옆구리 찔린 고통 때문에
아침을 먹을 수 없었다는 우리 할머니,
가슴 속의 칼이 허리를 일으켜 세우고
가슴 속의 노래가 진도아리랑 같은 춤을 추게 하는데
새벽 여섯 시, 어둠 속에 돌아오신 할머니
새벽닭처럼 홰를 치신다.

고구마 순처럼

우리집엔 아침마다 소동이 인다
어떤 것이 내 것인지 네 것인지 모르게
속옷과 양말이 염치 없이 어른 아이 뒤섞여 있다
내 내의가 할머니 내의 바지 붙잡아
버르장머리 없이 엉겨 있고
막내 여동생 내의는 할머니 내의 품에 안겨 있다
어디서 왔는지 남동생 바지에 묻혀온 붉은 잉크에
가족 모두 벌겋게 술취해 있다

막내가 시궁창에 빠진 날도
우리 가족 서로 얼크러졌는데
인동초 넝쿨 얼크러지듯
누가 누군지 모르게 하나가 되어
시궁창 냄새, 기름 냄새를 맡곤 했다

비좁은 우리집
세탁기 속 빨래처럼
서로 어울려 땟물을 씻어주고
토닥토닥 저린 등짝을 때려주는데,
삶이 거칠거나 회오리 칠수록

서로 얼크러설크러진 고구마 순처럼
알차게 밑이 드는 것이다.

남광주엔 도깨비들이 산다

밤에만 활동하는 우리나라 도깨비들
호랑이 담배피우던 시절부터 살았다는데
임진왜란 때는 물론 동학 난리 때도
쇠스랑 곡괭이 들고
신출귀몰하게 왜군들을 물리쳤다고 한다
6·25 때 전쟁터에서 다치신 할아버지
50년대 어느 땐가 장에 갔다 오시다가
밤새 장난기 많은 도깨비와 씨름을 하였다고 한다
실은 할아버지도 도깨비였다
한밤중 들에 나가 새벽에 돌아와
낮에는 사람의 모습으로 농사를 지으셨지만
할아버지처럼 우리나라 도깨비들은
착하고 가난하였다

남광주에서 80리 먼 길,
아버지는 한밤중에 외가에 가
트렁크에 농산물을 싣고 남광주시장에 날랐다
도깨비가 된 외숙모는 좌판을 벌였는데
신기하게도 동이 트기 전에 모두 사라지곤 했다

오늘은 셋째주 일요일,
도깨비들이 쉬는 남광주 도깨비시장
곤하게 쉬는지 하나도 보이지 않는다.

불임의 자궁

바다는 얼굴도 사지도 없는
커다란 자궁이다
오직 남을 위해 마련한
따스하고 아늑한 집이다

까마득한 날
처음 생명을 잉태해 육지에 기어오르게 하고
지금껏 새끼들을 먹여살리기 위해
그물질을 하는 바다는
제 몸을 새끼들에게 내놓고
뜯어먹히는 오병이어(伍餠二魚)이다

바다는 참으로 오랜 시간
모든 강의 그리움이 닿는 고향이다
강이 실어나르는 지상의 눈물 받아주기만 하고
단 한 방울의 눈물도 보이지 않았지만
바다는 짜디 짠 눈물이다
그 눈물로 은비늘 반짝이는 것들을 키우고
소금밭을 일구어
살아있는 것들의 먹이가 되고 있다

그 바다에 사람들은 욕망의 찌꺼기를 버리고
장차 불임의 바다로 만들려 하고 있다
그러나 바다는 촤르르 촤르르
푸르게 멍든 제 몸만 씻어내고 있다.

아침 장마당에서

생선 진열대 아래 웅크린 얼룩고양이
내 눈과 마주쳤다
아직 숨이 남아있는 생선이 몸부림치는 통에
짠물이 고양이 목덜미에 떨어지자
화들짝 뛰어오르다 좌판에 머리를 박았다
생선가게 아줌마가 힐끗 고양이를 쳐다보다가
생선 꼬리를 잘라 툭 던져주자

내 목덜미에도 물방울이
툭툭 떨어졌다
하늘에 낮게 비구름이 흘러간다

꼬리 잘리고 몸통 잘린
생선 대가리가
두 눈 크게 뜨고 나를 쳐다보는 것 같고
검은 비닐봉지 속의 토막난 생선들이 파닥거리는 것
같았다
이 때 긴 혀로 고양이가 입가를 훔치며 쳐다보는 순간
빗방울이 거세지고
고양이는 꼼짝 않고 진열대 밑에 웅크리고 있는데

나는 검은 비닐봉지를 들고
하늘에 머리를 박으며
좌판 위의 생선처럼 팔딱팔딱 뛰었다.

고양이는 아직도 발톱이 날카롭다

어린날 아버지가 몸이 아팠을 때
할아버지는 읍내 장에서 고양이 한 마리 사오셨다
고양이를 죽이는 것이 끔찍해
심약한 할아버지는 끔찍하게
고양이 몸을 밧줄로 묶고 둠벙에 던졌는데
다음날 둠벙에 가니
온 몸이 뻣뻣하게 죽은 고양이를 건져 삶았다
약이라고 했지만 고양이인 것을 아는 아버지는
약이라고 생각하지 않고 먹지 않았다
물 속에서 허우적거리며 발버둥 치다
목숨을 놓았을 고양이는 끔찍했을 것이다

봄볕 내리는 담벼락 양지에서 하품하는 고양이들을 보았다
그 부근에 죽은 고양이 한 마리
누군가에게 쫓기며
온 몸을 다해 절실하게 담벼락을 올랐을
고양이의 발톱과 힘을 모았을 뒷다리
사냥감을 뒤쫓았을 잘 발달된 근육
먹이를 갈기갈기 찢었을 힘센 아래턱과 날카로운 송곳니

어둠 속에서도 볼 수 있는 둥그런 두 눈
무엇이든지 탐지할 수 있는 입주변에 난 안테나 같은 수염들
사람이 갖지 못한 것을 가진 야생이
사람에게 순치되어
이제는 쓸모 없어지는 그것들을 곤두세우고
길을 가면 담장 위를 거니는 고양이들
아직도 야생의 버릇 버리지 않고
발톱을 세우고 있다.

공터 1

마을 앞 공터
경운기 한 대 주차해 있다
잡풀 속에 코스모스 꽃
정물처럼 붙박혀 있는데
환한 대낮의 공터에 햇볕이 가득,
지팡이 손에 쥔 노인이 다가와
잠시 먼 산 바라보다가
사라진다
한참만에
누군가가 경운기를 몰고 간다
잠시 소란이 일다가
다시 고요와 정적
그러다가 코스모스꽃에
잠시 잠자리 앉았다가 날아간다
아무도 없다
저녁 무렵,
탈탈거리며 경운기 돌아와 주차한다
이윽고 사위가 어두워지자
공터가 사라진다
아니다
공터는 처음부터 그 자리에 있을 뿐이다.

공터 2

도심에 오래된 집 한 채 헐어내자
공터가 생겼다
누군가 밤중에 쓰레기를 버리기 시작했다
한 집 건너 모텔을 짓기 위해 쇠말뚝 박을 때
사람들은 비싼 땅을 놀려둔다고 수군거렸지만
어디서 씨앗이 날아왔는지 근본도 모르는 오동나무 몇 그루가
치솟는 부동산 값보다 훌쩍 자라 키를 넘기고
키가 낮은 노란 민들레 떼가
쓰레기 더미에 꽃밭을 일구었다
공터의 주인이 부도가 났다는 소문이 돌아도,
연약하고 끈질긴 목숨들이
언제 포크레인 칼날에 쓰러질지 몰라도
질긴 뿌리의 촉수로
사람들의 탐욕과 사투를 벌이고 있었다.

늙은 호박

추수가 끝난 들녘 언덕에
늙은 호박 햇볕을 쬐고 있다
서리 맞은 줄기는 말라 탯줄 같은데
늙은 호박, 막 해산한 어미처럼
새끼들에게 젖 먹이는
시늉을 하고 있다
하도 애처로워 껴안으니
밑이 썩어 하혈하듯 속이 쏟아진다
그 모습이 안쓰러워
내년 봄에 새끼들 잘 키우라고
그 자리에 묻어주었다.

왕성한 허기

무엇이 지나갔는지
감나무 잎이 모두 먹혀버려
그물같은 섬유질만 남아
8월 염천에
땡감만 파랗게 달려있다

지난겨울 눈 한번 안 내리더니
병충해의 씨앗이 죽지않고 살아남고
농약 한 번 안 쳤더니
과수원에 해충들이 득실하다

감나무를 흔들자
정체불명의 해충들이
과수원 하나쯤이야 한끼 식사라는 듯
떼를 지어 어디론가로 날아간다

저 왕성한 허기들이
하늘 높이 날아가는데
이윽고 푸르던 하늘 한 쪽이 갉아먹혀
하얀 섬유질만 남았다.

플라타너스를 애도함

날마다 출퇴근 길에 지나는
우리 동네 학동(鶴洞) 삼거리 아파트 공사장,
잠시 멈춰있던 버스에서 아홉 명이 죽고
앰뷸런스가 오고 많은 취재진이 몰려왔다
서둘러 빈소를 차리고 국화꽃을 바쳤다

놀란 것은 그 많은 집들을 잡아먹는 포크레인의 식성과
점령군처럼 순식간에 허허벌판을 만드는 자본의 힘보다
그 사건으로 희생된 것이 사람뿐만 아닌데
아무도 누군가의 죽음을 애도하거나 말하지 않는 것,

사고 현장의 무성했던 아홉 그루의 플라타너스
무너진 건물에 깔려 뿌리가 뽑히고 쓰러졌지만
건물 잔해와 함께 감쪽같이 치워졌다는 것,

이 빠진 것처럼 휑한 그 자리
사람이 죽었듯이 나무도 죽었다는 것
아침저녁 출퇴근길에
사라진 플라타너스 푸른 풍경을,
아무도 애도하지 않는 죽음을 슬퍼하는가.

山菊

죽어서 쌀밥 드시라고
집안 선조들 모신 선산에
무더기로 핀 하얀 山菊
가을 햇빛 받아 막 지어온 고봉밥 무럭무럭 김이 나
그것을 바라보는 마음이 뜨겁다

선산 제상에 맛난 음식 차려놓고
술을 따라 올리고 조상님들 음복하는 동안
뒤돌아 서 있다가 바라보면
목이 메이는지 다 못 드신 하얀 쌀밥이
새하얀 山菊 같다

사람이 죽으면 영혼이 하얘져서
영정앞이나 봉분 앞에 흰꽃을 바치는가
꽃들은 따스한 날 꽃 피우지만
세상의 꽃들이 지나간 쌀쌀한 늦가을
모든 색깔 다 버리고
오직 오롯한 맑은 정신으로 핀 山菊처럼
청빈하게 살았다는 할아버지들 마음이 하얗다.

|해설|

연대적 삶에 대한 희망
- 강나루 시집 『감자가 눈을 뜰 때』

김 병 호
(시인, 협성대 교수)

 시집 『감자가 눈을 뜰 때』는 단순히 시인 강나루의 개별적 차원으로 환원될 수 없는, 중대한 의미들을 지니고 있다. 일반적으로 현실에 기반을 둔 예술작품은, 일상의 생활사 영역에서 발견해내는 삶의 모습과 풍경을 그대로 옮겨내는 사실 현실에 충실하기 마련이다. 하지만 강나루 시인은 세대를 잇는 우리 삶의 경로에서 스스로의 삶을 검토하고 성찰하며 표현하는 의미 현실에 무게의 중심추를 둔다.

 우리의 현재적 삶은 이전 세대보다 훨씬 복잡해졌다. 대한민국에서 우리의 삶은 권위주의적 산업화와 민주주의 체제의 미숙으로 수많은 희생과 좌절, 시행착오의 비용을 치러야 했다. 무엇보다 이 과정에서 생성된 삶의 불합리한 구조는, 제도적 미비와 의식적 미성숙으로 이전과는 또 다른 방식으로 확대 재생산되고 있는 것이 오늘 우리의 현실이다. 또한 세계는 신자유주의와 세계화의 주도적 이념과 코로나 팬데믹 등으로 전례 없는 혼란과 갈등 양상을 보이고 있다. 인간과 인간 사이의 존중과 예의, 믿음과 성실, 가족과 이웃 같은 전통적 가치 규범은 이미 소실되었고, 이러한 가치 규범에 기반한 공동체적 질서 역시 찾아보기 어렵게 되었다.

개발과 발전, 효율과 생산성, 가성비 등 자본주의적 가치가 지배적 시대이념이 되면서, 우리의 성과와 업적이 생활의 율법이 되어버렸다. 효과나 실용성 자체를 부정하는 것은 아니다. 다만 그만큼 인간과 그 삶을, 우리 삶의 가능성을 고려해야 하는 여지 역시 점점 사라지고 있다는 것이다. 사회적으로 통용되고 개인적으로 동의할 만한 가치의 일반 준거를 재설정해야 한다. 우리가 지켜왔던 전통적 가치는 강제된 근대화와 역사단절로, 신자본주의의 파고 속에서 폄훼되거나 말소되었다. 하지만 우리는 여전히 지금 우리의 삶이 어디에 서 있는지, 어디를 향해 나아가야 하는지에 대한 답을 찾으며, 이전의 가치 규범을 현대적으로 재구성해야 한다. 바로 이 지점에 강나루의 시가 놓여있다고 할 수 있고, 그래서 시집 『감자가 눈을 뜰 때』가 중대한 의미들을 갖추고 있다고 하는 것이다.

보편적 가치의 부재로 인해 삶의 위기는 일반적 차원의 것이 되었고, 삶의 전체적 맥락을 충분히 이해하지 못한 상태에서 단편적 삶을 이해하거나 현실의 복잡성과 다양성에 대응하기는 어렵다. 그런데 강나루 시인은 신인답지 않은 투지로, 자기 삶의 반성을 통해 우리 삶의 의의와 미래적 방향을 정립하려 한다. 자기 삶에 대한 비판적 검토를 통해 확립한 자기 정체성은, 현실적 정합성을 지니며 사회적으로 뿌리내릴 수 있음을 간파하고 있기 때문이다. 그의 시를 읽으면, 자신의 시적 행위가 타자와의 건강한 교류를 통해 자기 내면을 충실하게 채울 수 있으며, 그것이 결국 우리 삶의 방향타 구실을 할 수 있다는 믿음과 신뢰가 얼마만큼 충만한지를 깨달을 수 있다.

이러한 믿음과 기대는 「겨울 시금치 밭에서」에서 시작된다.

> 우리 삼대 남의 집 문간에 살 때
> 할머니는 옥상에 시금치 씨앗을 뿌리셨다
> 가족들 모두 난로가에 모여 불을 쬘 때면
> 하늘길 숨차게 내려온 겨울 바람에게
> 연신 싸대기를 맞으면서도
> 피학증 환자처럼 그것을 즐기는,
> 거적대기 하나 없는 옥상의 시금치는
> 그 때마다 엔드로핀이 솟아
> 뿌리에서 줄기, 줄기에서 잎사귀 구석구석에
> 뜨거운 단맛을 머금었다

> 할머니는 마당귀에
> 겨울 시금치 씨앗을 뿌리신다
> 작은아버지와 고모가 쓰거운 겨울 바람에 길 꺾어졌지만
> 우리들은 승냥이처럼 들판을 쏘다니며
> 시금치처럼 가슴에 푸른 멍을 키운다
> 여름날 무더위에 얻어맞은 상처들이
> 단맛이 되는 사탕수수처럼
> 쓴 겨울을 견딘 시금치가 단맛을 만드는 역설,
>
> 겨울 노지에서 자란 시금치가
> 왜 단맛이 나는지를 아는가
> ―「겨울 시금치 밭에서」 전문

할머니와 작은아버지, 고모 그리고 화자, 이렇게 삼대가 함께 지내던 삶의 풍경이 환하게 들여다보인다. 화자가 남의 집 문간방에 세 들어 사는 대가족의 불편함에 몰두했다면 시는 참으로 시시했을 것이다. 화자의 시선은 할머니가 옥상에 씨앗을 뿌려 키웠던 시금치에 집중하고 있다. "거적대기 하나 없는 옥상"에서 겨울 찬바람을 맞으며 "뿌리에서 줄기, 줄기에서 잎사귀 구석구석/ 뜨거운 단맛을 머금었"던 시금치는, 그저 비타민과 철분이 많아 즐겨 먹던 겨울 채소가 아니다. "작은아버지와 고모가 쓰거운 겨울 바람에" 꺾어졌지만 그럼에도 불구하고 버티며 살아내며 감당하던, 할머니에 대한 은유이다. 이 시행 한 구절 속에서 독자는 시 행간에 감추

어 놓은 감정의 심연을 통과하게 된다. "들판을 쏘다니며" "가슴에 푸른 멍을" 키우는 고통 속에서, 서정은 침묵의 행간을 만들어낸다. 시적 상황을 그려내는 화자의 어법과 그 어법에 용해되어있는 시인의 해석, 다시 그 안에 응결되어있는 삶에 대한 깊은 이해가 서정으로 용출된다.

시금치와 삼대의 삶이 직물의 조직처럼 종횡으로 연결되어있어 이 작품은 시적 완성도가 높다. 빈틈없는 구조가 체험의 진실을 체감하게 하기 때문이다. 시인은 삶의 곡절만을 따로 서술하지 않고 할머니와 시금치가 거의 필연적으로 얽혀 있음을 형상화한다. 시를 읽는 이의 마음과 감각을 잡아끄는 신묘한 어법이 행간이 녹아 있다. 여름의 무더위가 사탕수수의 단맛이 되고, 겨울 찬 바람이 시금치의 단맛이 된다는 깨달음은 독자로 하여금 새삼 삶의 가치와 진리를 되새기게 한다. 겨울 노지의 시금치가 지닌 단맛, 사실의 발견을 진실의 발견으로 이어내는 시인의 능력이 대견하게 여겨진다.

그리고 이 시를 혼자 조용히 읊조리면, 어느새 시인의 어법과 삶을 바라보는 자세가 우리를 아늑하게 감싸기도 하고 한편으로는 정신을 번쩍 들게도 한다. 시인이 자신만의 고유한 방식으로 삶의 확충에 기여하고 있다는 증거이다.

시집의 표제작인 「감자가 눈을 뜰 때」 역시 만만치 않다.

베란다에 둔 감자 종자에서 눈이 트였다
마대 속은 어두운데
하늘을 보려고 옆구리에서 항문에서, 온몸에서
빛이 틔어 마대 속 하늘이 환해졌다
본다는 것은 살아있음을 증거하는 일
마대 속에서 답답해 하면서 하늘을 열고 빛을 쏟아낸다
눈은 한결같이 하늘을 향하고
한철동안 빛을 보지 못한 씨감자는
얼마나 몸부림쳤는지 온몸이 파랗다

하늘을 본다는 것은
독기를 품는 일,
푸른 독기를 품는 일은 빛을 보는 일
어둠 속에서 겨우 숨 쉬는 것들은
멍이 들도록 빛의 출구를 찾을 것

나는 마대 속 같은 방 안에서
온몸에 멍이 들도록 몸부림쳤다
마침내 푸른 하늘을 닮아
멍이 든 영혼이 눈을 뜬다

눈에 멍이 든 사람을 보면 반갑다
하늘에 부딪혀 하늘을 닮아서
멍을 뚫고 하늘이 된 눈으로 하늘을 바라보면
하늘은 푸르고 멍든 사람은 빛이 되어
줄래줄래 줄기를 뻗으며 빛을 향해 포복한다
세상의 모든 멍든 눈들이 아프게 길을 간다.

- 「감자가 눈을 뜰 때」 전문

　이 작품은 전통적 서정의 어법을 따르면서도 평이한 언어로 명료한 정경을 서술하고 있다. 발견과 창조가 발현되는 사유의 과정 역시 여과 없이 드러나 있다. 즉 삶에 대한 반성적 성찰이 진지하게 이루어지고 있다. 시인은 마대 속의 씨감자를 통해 우리의 삶을 되돌아보게 하는 정서를 자연스럽게 도출해낸다. 이때 도출되는 서정은 우리 마음속으로 파고들어 파문을 일으키면서, 우리가 살아내고 있는 삶에 대한 반성을 체감케 한다. 정교한 서사나 웅변적 논설과 구분되는 강나루 시인의 서정만이 지닌 독특한 자질이다.
　「겨울 시금치 밭에서」에서 이미지화되었던 '푸른 멍'이 이 작품에서도 등장한다. "한철동안 빛을 보지" 못해 몸부림을 치느라 온몸이 파랗게 멍이 든 씨감자를 보면서 화자는 "푸른 독기를 품는 일은 빛을 보는 일"이라고 명명한다. 자기동일화의 시작이다.
　삶의 현실적 과정에서 세계에 대한 진솔한 논의로 전개되는 사유의 힘은 강나루 시의 가능성이기도 하다. 그는 '마대 속' 그리고 '마대 속 같은 방'에서 벗어나 '빛의 출구' '푸른 하늘'을 욕망하고 향하는 '씨감자'와 '나'의 모습을 형상화한다. 자기 결의 언어로 존재 밖을 내다보며, 삶의 과정을 꿰뚫고 있는 생명성 혹은 생성력에 대한 인식을 만들어낸다.

이 작품의 진정한 매력은 시인이 어떻게 존재에 대한 자기 인식을 드러내고 있는가, 하는 부분이다. 그는 마대 속의 씨감자에 대한 사유, 방 안에서 몸부림치는 '나'의 존재 본질에 대한 인식, 그리고 '멍'을 통해 '씨감자'와 '나'의 상호 교섭에 대한 시적 의미를 부여한다. 시적 대상들은 "세상의 모든 멍든 눈들이 아프게 길을 간다"는 하나의 관념 안에서, 서로 긴밀하게 연결되어 의미화된다.

자기 존재에 대한 본질적 사유는 기본적으로 시인을 탐구의 주체로 상정한다. 강나루 시인은 존재 사유의 본령으로서, 존재 탐구의 궁극은 몸부림치며 아프게 가는 것이라는 체험 내지 인식을 보여준다. 그렇게 하는 것 자체가 인간 본연의 존재적 본질을 획득하는 일이며, 빛을 향해 포복하는 삶이 가치를 획득하는 일임을 시인은 알고 있기 때문이다. 단순하면서도 명료한, 그리고 진지한 언어적 사유가 빛을 발하는 대목이다.

> 설을 앞두고 우리 일가 모여
> 생전의 할아버지가 쓰던 작은 탁자 위에
> 낡고 글씨가 굵은 성경 한 권
> 그 위에 모두 손을 얹고
> 설날 상주였던 아버지가 기도를 하는 동안
> 나는 마음속으로
> 왜 착하게 사셨어요, 나는 착하게 살지 않을 거예요
> 왜 이까짓 성경책만 읽었어요, 나는 성경을 읽지 않겠

어요
 기도를 드렸다
 할아버지가 착하게 살며 성경을 읽는 동안
 세상은 착해지지도 않고 가난한 사람은 더 가난해지고,
 학동 아파트 철거 붕괴사고가 터지고,
 화정동 아파트가 무너지고, 사람들이 죽어갔다
 내가 거짓으로 살아가도, 성경을 읽지 않아도
 여전히 사람들은 죽어가고, 아무것도 변하지 않는 세상
 내일모레는 민족의 대명절이라며
 가난하고 착한 사람들은 남광주시장에 북적거리는데
 오늘 밤, 할아버지의 낡은 성경 위에 손을 얹고
 착하게 살지 않겠다고 기도하는 동안
 아버지는,
 열다섯 살 때 만주 벽돌공장을 돌아
 6·25 한국전쟁의 한복판을 지나
 겨우 성경 한 권을 남긴
 남루한 할아버지의 일생을
 눈 지그시 감고 기도한다.
  -「착하게 살지 않겠다고 기도할 때」 전문

 강나루 시인의 시에 애정이 가는 까닭은 전통주의적 방법의 틀 위에 현실주의적인 인식을 담아냄으로써 기존의 서정시가 머물러 있던 상상력의 외연을 보다 넓히고 있기 때문이다. 그의 시는 간혹 상황과 맥락에 따라 직접적 언술도 있지만, 기본적으로 시인의 관찰이 머무는 현실적 대상의 의미를 제시함으로써 그것의 본질을 드러내는 데 능숙하다. 사색의 중심에 서정적 주체의 가치 인식이 작동하기 때문이다.

이 작품에는 할아버지의 삶이 전면에 나와 있지만 할아버지와 아버지, 나로 이어지는 대가적(大家的) 삶에 대한 가치 인식이 전제되어 있다. "겨우 성경 한 권을 남긴/남루한 할아버지의 일생"을 바라보는 자조적 시선 이면에는, 실상 어떻게 살 것인가에 대한 소중한 답의 항목들이 새겨져 있다. 험난했던 한국현대사의 한복판을 지나오면서도 평생을 착하게 살며 성경을 의지했던 할아버지와 설날 상주로 기도하는 아버지의 모습을 통해, 화자는 우리가 진정 가치 있는 것으로 간직해야 할 응분의 그 무엇에 대한 숭고미적 인식에까지 이른다. 착함, 선함에 대한 본질의 지속을 우회적으로 각오한다.

시인은 지금 우리의 삶에 틈입되어 있는 부조리에 대해 분노한다. "세상은 착해지지도 않고 가난한 사람은 더 가난해지고" "아파트가 무너지고, 사람들이 죽어"가는 현실을 날카롭게 비판한다. 그러나 이것은 착함과 선함의 가치는 상실된 현실의 배리(背理)를 선명하게 보여주는 한편 현실에 대한 비판적 성찰이 곧 굳건한 자기 삶의 갱신에 대한 의지임을 역설한다. 이 역설의 지점이 바로 강나루의 시인의 서정이 존재하는 시적 근거지이다.

시인은 낡은 성경 한 권으로 대변되는 할아버지의 삶에 대한 가치인식이야 말로 현대를 살아가는 시인이 전

승해야 하는 본질적 가치라고 여긴다. "왜 착하게 사셨어요, 나는 착하게 살지 않을 거예요/왜 이까짓 성경책만 읽었어요, 나는 성경을 읽지 않겠어요"라는 화자의 투정은 할아버지의 삶에 대한 안타까움과 존경의 양가적(兩加的) 표현이다. 이러한 진솔하고 소박한 언어를 통해 시인이 가지고 있는 가치 의식의 바탕이, 인간적인 가치의 생성 그 희망의 미래를 향해 열려 있는 것임을 새삼 확인할 수 있다. "내가 거짓으로 살아가도, 성경을 읽지 않아도/여전히 사람들은 죽어가고, 아무것도 변하지 않는 세상"을 사는, 화자의 기도가 여전히 멈추지 않는 까닭이다. 본원적인 것에 대한 회복, 시인은 자신의 견고한 내면에 현실적 가치를 창조해내기 위한 인식적 노력을 그치지 않는다. 그는 아버지를 기도를 지켜보며, 삶의 또 다른 자세를 배우는 중이다.

앞서 언급한 것처럼 강나루의 시집『감자가 눈을 뜰 때』는 대가적 가치를 지니고 있다. 백석의「여우난골족」정도는 아니어도 시편마다 할아버지, 할머니, 작은아버지, 어린 삼촌, 고모, 외숙모, 외사촌, 남동생, 막내 여동생의 등장이 낯설지 않다. "서로 어울려" 토닥이며, "삶이 거칠거나 회오리 칠수록/서로 얼크러설크러진 고구마 순처럼"(「고구마 순처럼」) 어울리는 모습이, 강나루 시인의 시심이 어디에 근원하고 있는지를 알려준다.

하지만 시인의 이런 시선은 가족에만 국한되어 있지는 않다. 우리의 이웃, 가난하고 가엾은 이들에게도 시인은 연민의 시선을 거두지 않는다

> 대답 대신 그 여자, 말없이 과일들을 가리키는
> 거짓과 참말이 뒤섞인 법원 앞
> 말을 버린, 벙어리 그 여자.
> 　　　　　　　　　　　　－「그 여자」부분

> 남광주 시장 입구에 좌판 벌여놓고
> 새벽부터 밤까지 앉아
>
> 손님을 맞는 일보다
> 다소곳 고개 숙인 채
> 마치 쪽파 다듬는 것이 인생의 목표인 듯
> 　　　　　　　　　　　　－「폭풍 속의 섬」부분

> 골목길 가다보면
> 벽에 붙은 샤시문 늘 닫혀있다
> 그 앞에 놓인
> 검고 작은 슬리퍼 하나
> 장맛비가 내리는 동안
> 그 자리에서 꼼짝하지 않고 비를 맞는다
> 어느날 인기척이 들리더니
> 노인 하나가 종이박스와 파지를 들고
> 벽 속으로 사라진다
> 　　　　　　　　　　　　－「사라진 슬리퍼」부분

고약한 냄새가 난 지 한 달이 넘었다고도 했다
남루한 방 한에 마지막 식사 흔적과
빈 술병과 약봉지 몇 개 남겼을 뿐
수사관은 누군가일 뿐, 신원미상이라고 했다
　　　　　-「누군가 사라졌다」부분

  한 편의 시가 우리 현실의 총체적 본질을 드러내기란 불가능하다. 기껏 현실의 단면이나 그에 대한 주관적 반응만을 다룰 뿐이다. 하지만 강나루 시인은 고유의 독특한 현실 인식을 통해 우리 삶의 약자들을 작품 세계 전반으로 소환한다. 다양한 이웃 군상들을 통해 현대사회가 강요하는, 본질적 삶의 구속의 예를 보여준다.
  참과 거짓이 혼란스러운 법원 앞에서 과일 행상을 하는 벙어리 여자나, 시장 입구 좌판에서 하루 내 쪽파를 다듬는 이나, 비가 와서 꼼짝하지 못하고 대문도 없는 새시문 방에 갇혀 지내는 폐지 줍는 노인이나, 고시원에서 고독사한 지 한 달이 넘어 발견된 이 등, 위의 작품들뿐만 아니라 「그늘과 그늘 사이」 「모르는 척」 「山菊」 등의 작품에도 가난한 이웃들의 모습이 그려지고 있다. 그들은 외부 현실에 의해 인간의 주체적 의식과 행동이 구속당하고 제약당하는 약자이다. 이는 인간성의 왜곡 내지 상실이라는 물화된 세계 속에서 이미 사라졌거나 간신히 버텨내는 이웃의 모습을 통해, 우리 사회를 구성하고 있는 평범한 이웃에 대한 현실적 관심의 넓이와 깊이를 탐색하고자 한 노력의 소산으로 보인다. 시인은 공동체의 일원으로서 어울려 함께 잘 살아가야 한다는 보편적 가치를 일상적 현실과 일상적 주체가 마주하는 자리에서 구체화 된 실감으로 그려내고 있다. 21세기 자본주의의 우울한 뒤편에 대한 감상적 정서나 소외에 그치는 것이 아니라 왜곡된 삶의 현실을 살아가고 있는 우리의 삶을 되돌아보게 하는 계기를 마련해 준다.

그런데 힘겨운 삶의 현장을 현실적 관심으로 삼으면서도, 시인의 시선은 다른 시인들과 사뭇 다른 면모를 보여준다. 현실을 향해 외부적으로 열려 있는 시선과 드러냄의 강한 열정 대신 오히려 차분히 가라앉은 내성적 시선과 자기 탐구의 은근한 의지가 시행에 녹아 있다. 그래서 강나루 시인에게 시는 공동체의 연대적 삶에 대한 마지막 희망일 것이라는 생각이 강렬하게 들기도 한다.

시인이 시를 통해 다다르고 싶어 하는 세계는 어떤 세계일까. 이 시집이 그 첫 이정표가 된다면 아래의 작품이 성큼 내디딘 첫 발자국이 될 것 같다.

> 어른이 되기 전 바다를 떠나왔다
> 그러나 살아오면서 곳곳에서 암초를 만났다
> 돛이 찢어져 난파되기도 하였다
> 거대한 고래와 맞설 때는 포기하고도 싶었지만
> 어느새 노련한 선장이 되어 있었다

어린 시절 보았던 것이 용이었음도 알게 되었다
내 生의 만선을 위해 지금 타고 가는 배가
나의 길을 이끄는
거대한 용이라는 것을 알게 되었다.

-「항해」 부분

  화자는 삶의 고난을 헤치고 노련한 선장이 되었다고 고백한다. 실은 흰고래 모비 딕에게 한쪽 다리를 잃고도 끝내 이겨낸 에이허브 선장이 화자의 또 다른 꿈일지도 모른다. '선장'은 현실의 질곡을 견뎌내며 삶의 의미를 추구하고자 하는 의지의 상징이기 때문이다. 화자는 시의 앞부분에서 바다와 드잡이질을 하며 "지긋지긋한 파도를 쓰러뜨리고/폭풍의 바다를 단번에 제압해야" 용을 만날 수 있다고 했다. 이때의 용이 화자가 추구하는 삶의 실체임을 밝히는 것이다.

  용을 만나기 위한 과정 중에서 갖추어야 할 시인의 자세는 「갈치」에 잘 드러나 있다. "칼이 된 몸으로 푸른 바다를 찌르며/제 生의 물살을 거슬러 온몸을/말랑말랑하게 휘어 물길을 헤쳐가는,/아무리 장검을 휘둘러도 베어지지 않는 필살기"는 "물살을 닮도록 진화해 온 부드러운 검법"으로 진화한다. 때로는 강함을, 때로는 유연함을 통해 삶을 헤쳐 나가고자 하는 시인의 자세로 화자는 삶을 헤쳐 나간다. 「유년의 바다」에서도 화자는 "바다를 건너는 동안/억센 파도도 많았지만/어느새 나의 근육은 튼실해지고/코 밑이 검어지며/나는 사내가 되어 가고 있었다"고 고백한다.

인용시를 포함해 시집 『감자가 눈을 뜰 때』 안의 수많은 시에서 공통적으로 표현되는 바다는, 고통을 통해 강인한 삶의 의지를 단련시키는 공간과 계기로 작동하며, 이를 극복해내는 화자의 긍정적 인식은 시인이 시를 쓰는 근원적 이유와 맞닿아 있다. 화자는 생의 만선을 위해 자신이 타고 가는 배가, 실은 거대한 용이라고 고백한다. 하지만 독자는 이 용(龍)을 시(詩)로 받아들여도 충분할 것 같다. 그가 기꺼이 시인의 삶을 택했기 때문이다.

새롭게 첫발은 내딛는 시인이 우리에게 보여주는 서정은 단순한 전통적 맥락에만 있지 않다. 인간의 심성을 고양하고 삶의 확충에 기여하는 서정, 그러면서도 기존의 틀에 박힌 서정에서 벗어나 자신만의 독특한 개성을 발현하는 서정이며, 이런 자질을 갖춘 이가 강나루 시인임을 확인할 수 있다.

강나루 시인 역시 우리의 시단의 젊은 시인들이 보여주는 낭만적 흐름을 무시하진 못한다. 하지만 그는 사사로운 개인의 욕망과 감정을 표현하는데 주력하지 않는다. 개인의 말초적 감각에 봉사하는 서정의 유혹을 벗어나, 공동체와의 유대와 합일에 주목하며 정서 표현의 새로운 양태를 만들어낸다. 시대의 서정은 그 시대의 사회적 환경과 그 사회 속에서 생활하는 개개인의 정서적 성장에 따라 차이가 나는데, 강나루 시인은 새로운 양태의 자기 결을 지키면서 우리 내면에 정서적 감흥을 전달하려 집요하게 노력한다. '나'와 '세계'와의 차이, 시간적 공간적 '거리'를 인정하고 그 현실 너머를 필연적으로 받아들이려는 의지를 갖추고 있다.

따라서 시는 가족과 이웃, 고향을 떠나지 못한다. 자기 삶의 이력을 고스란히 적어내며 자기 삶의 행로를 탐색하는 진지한 자세를 지닌다. 본격적으로 거론하진 않았지만 「폭풍 속의 섬」「국화꽃 피는 마을」「바다로 가는 경운기」 등의 작품에서 배경이 되는 남광주시장, 함평천지, 법성포, 화순, 무등산, 영광 염산 앞바다 등의 공간에 대한 시인의 애정도 주목해 봐야 한다. 강나루 시인이 거닐고 있는 이 공간들은 그저 회상을 통한 이상적 자아의 자의적이고 관념적인 공간이 아니라 현실을 새롭게 바라볼 수 있는 마음의 본류에 해당하는 곳이다. 이런 의미에서 그의 시적 공간은 우리 삶의 근거와 토대, 바탕으로서 고향을 의미하고 있다고 할 수 있으며, 실제 시인의 삶에서도 그리 멀지 않다.

이 시집은 인간, 좀 더 적극적으로 표현해보자면 시인 자신의 삶의 대한 반성적 사유를 바탕으로 하고 있다. 삶의 역정과 그 기원, 현재적 삶에 대한 인식이라는 지극히 평범하면서도 살아 있는 구체적 존재성을 바탕으로 한 내면적 성찰의 목소리를 이 시집은 가지고 있다. 강나루 시인은 부정적 현실의 치유와 극복 의지를 생동감과 활력에 찬 언어로 구현하며 가족과 이웃, 고향에서 삶의 지혜와 깊은 의미를 배운다. 요즘의 젊은 시인들에게서 보기 드문 남성적 어조와 공동체적 인간애를 추구하는 현실주의 시인의 면모를 보여준다.

그는 고유의 강한 내성의 목소리로, 깊은 여운과 자장을 가지고, 서정시에 대한 굳건한 믿음을 펼친다. 그의 시선에는 대상에 대한 깊은 사랑과 연민이 담겨 있으며 자기 삶에 대한 반성이라는 시인 특유의 사유 방식도 녹아 있다. 부드러움과 강직함, 아름다운 서정과 굳건한 의지의 대립적 가치를 통합하는 균형 감각은, 젊은 시인 강나루에게 우리가 기대를 거는 가장 강력한 근거이다. 서정적 사색의 깊이와 그것을 통해 발견하는 삶의 예지. 시가 삶의 따뜻한 위안이 되기를 바라는 독자가 많으면 많을수록 강나루 시인의 눈은 더욱 맑아지고 마음은 더욱 깊어질 것이다.

우리는 시집 『감자가 눈을 뜰 때』에서 시인이 보여준 시적 발견이 얼마나 진솔한 목소리를 지니고 있는지, 그것이 자신과 자신을 둘러싼 세상, 가족과 이웃에 편재해 있는 사랑의 가치에 대한 믿음과 의지로 구현해 내고 있는지 확인할 수 있다. 그래서 우리 시대 공동체의 연대적 삶과 그 삶의 진정성 회복을 바라는 모든 이들에게 이 시집은 사색의 동반자가 되기에 충분하다.